Y0-BQS-231

La Gente de Mi Comunidad

Los bibliotecarios

Jared Siemens

www.av2books.com

El enriquecido libro electrónico AV² te ofrece una experiencia bilingüe completa entre el inglés y el español para aprender el vocabulario de los dos idiomas.

This AV² media enhanced book gives you a fully bilingual experience between English and Spanish to learn the vocabulary of both languages.

Spanish

English

Navegación bilingüe AV²
AV² Bilingual Navigation

CERRAR
CLOSE

INICIO
HOME

OPCIÓN DE IDIOMA
LANGUAGE TOGGLE

CHANGE LANGUAGE
ENGLISH SPANISH

CAMBIAR LA PÁGINA
PAGE TURNING

BACK NEXT

VISTA PRELIMINAR
PAGE PREVIEW

2

Los bibliotecarios

ÍNDICE

Las personas que viven cerca forman una comunidad.

El bibliotecario es una persona de mi comunidad.

El bibliotecario trabaja en una biblioteca.

La biblioteca es un lugar donde se guardan libros y muchos otros medios.

El bibliotecario cuida de la biblioteca y de todo lo que hay en ella.

Ayuda a que la biblioteca sea útil para quienes la visitan.

El bibliotecario me ayuda a encontrar lo que estoy buscando.

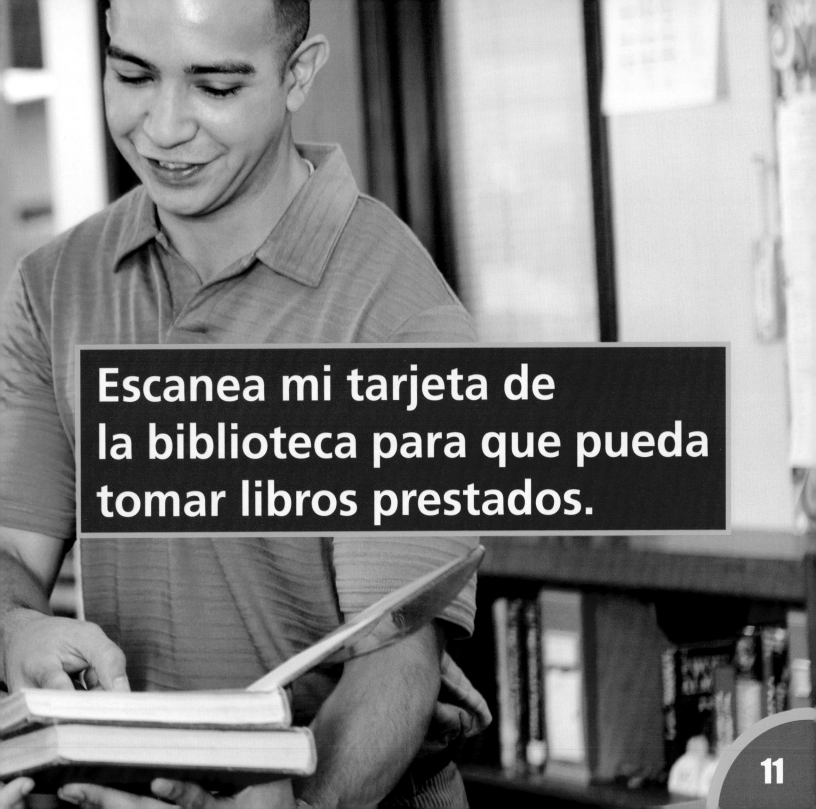

Escanea mi tarjeta de la biblioteca para que pueda tomar libros prestados.

Las computadoras son
herramientas importantes
para los bibliotecarios.

Los bibliotecarios usan computadoras para encontrar información sobre muchos temas.

El bibliotecario me enseña a usar Internet en forma segura.

Ayuda a mis padres y maestros a buscar nuevas herramientas de aprendizaje.

El bibliotecario elige qué libros y medios nuevos agregar a la biblioteca.

Los agrupa para poder encontrarlos más fácilmente.

El bibliotecario nos cuenta cuentos en voz alta.

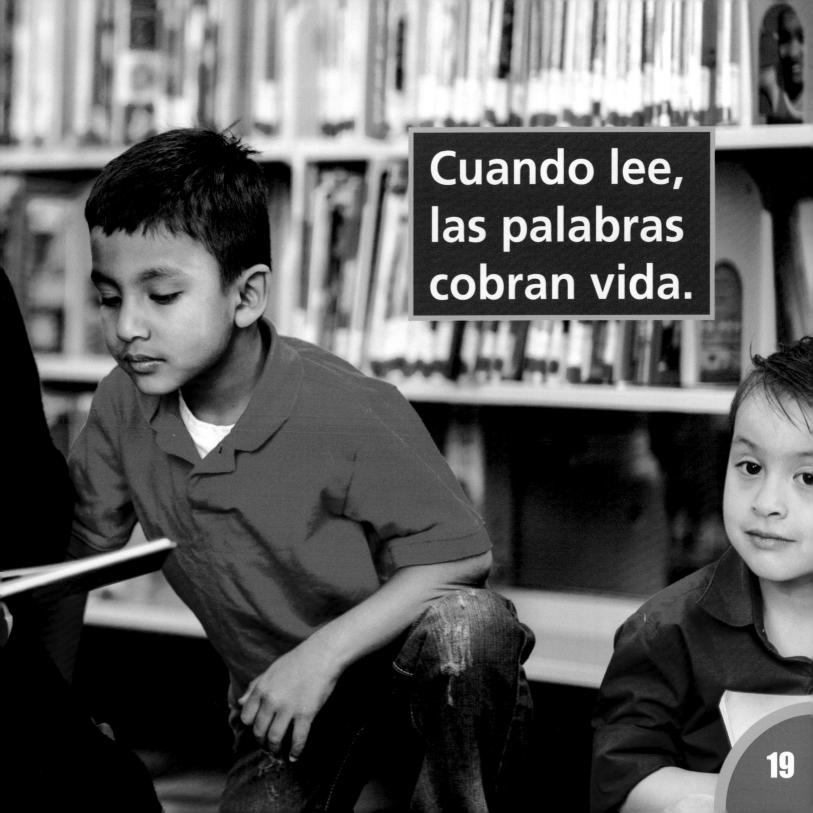

Cuando lee,
las palabras
cobran vida.

19

Los bibliotecarios son muy importantes en mi comunidad.

Descubre qué has aprendido sobre el bibliotecario.

Describe lo que ves en cada una de las imágenes.

¡Visita www.av2books.com para disfrutar de tu libro interactivo de inglés y español!

Check out www.av2books.com for your interactive English and Spanish ebook!

Las personas que viven cerca forman una comunidad.

El médico es una persona de mi comunidad.

EBOOK

1 **Entra en www.av2books.com**
Go to www.av2books.com

2 **Ingresa tu código**
Enter book code

Q 4 8 6 4 3 2

3 **¡Alimenta tu imaginación en línea!**
Fuel your imagination online!

www.av2books.com

Published by AV² by Weigl
350 5th Avenue, 59th Floor
New York, NY 10118
Website: www.av2books.com

Library of Congress Control Number: 2015954022

ISBN 978-1-4896-4425-1 (hardcover)
ISBN 978-1-4896-4427-5 (multi-user eBook)

Printed in the United States of America in Brainerd, Minnesota
1 2 3 4 5 6 7 8 9 0 20 19 18 17 16

042016
101515

Weigl acknowledges iStock and Getty Images as the primary image suppliers for this title.

Project Coordinator: Jared Siemens
Spanish Editor: Translation Cloud LLC
Designer: Mandy Christiansen